Este Diario de Tarot

Pertenece a :

_____

_____

Diario de Tarot

Fecha : ....

Carta 1

Carta 2

Carta 3

¿Que carta es?   ¿Que carta es?   ¿Que carta es?

....

Primera Impresión

....

....

....

....

....

....

Palabras Clave

Carta 1

....
....
....
....
....
....

Carta 2

....
....
....
....
....
....

Carta 3

....
....
....
....
....
....

Interpretación

....
....
....
....
....
....
....
....
....
....
....
....
....
....
....

Diario de Tarot

Fecha : ....

| Carta 1 | Carta 2 | Carta 3 |

¿Que carta es? ¿Que carta es? ¿Que carta es?

....

Primera Impresión

....

....

....

....

....

....

Palabras Clave

Carta 1

....
....
....
....
....
....

Carta 2

....
....
....
....
....

Carta 3

....
....
....
....
....

Interpretación

....
....
....
....
....
....
....
....
....
....
....
....
....
....
....

Diario de Tarot

Fecha : ....

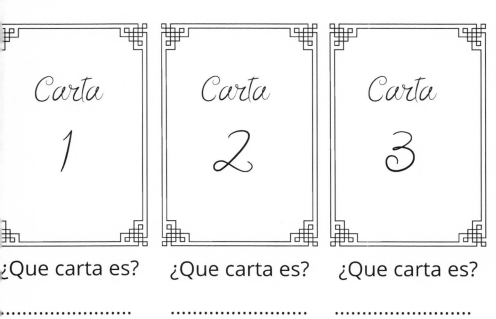

Carta 1	Carta 2	Carta 3

¿Que carta es?   ¿Que carta es?   ¿Que carta es?

....

Primera Impresión

....

....

....

....

....

....

Palabras Clave

Carta 1

....
....
....
....
....
....

Carta 2

....
....
....
....
....
....

Carta 3

....
....
....
....
....
....

Interpretación

....
....
....
....
....
....
....
....
....
....
....
....
....
....
....

Diario de Tarot

Fecha : ....

Carta *1*	Carta *2*	Carta *3*

¿Que carta es?   ¿Que carta es?   ¿Que carta es?

....

Primera Impresión

....

....

....

....

....

....

Palabras Clave

Carta 1

....
....
....
....
....
....

Carta 2

....
....
....
....
....
....

Carta 3

....
....
....
....
....
....

Interpretación

....
....
....
....
....
....
....
....
....
....
....
....
....
....
....
....

Diario de Tarot

Fecha : ....

Carta 1	Carta 2	Carta 3
¿Que carta es?	¿Que carta es?	¿Que carta es?
....	....	....

Primera Impresión

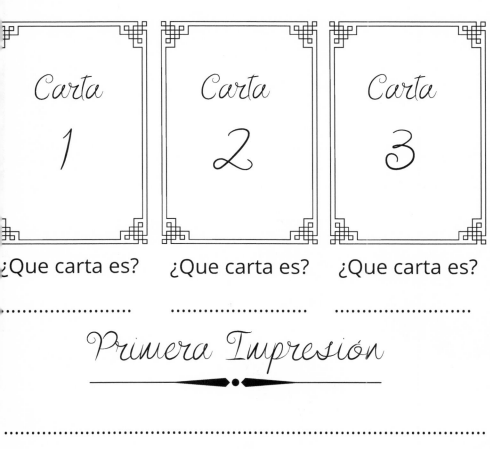

....

....

....

....

....

....

Palabras Clave

Carta 1

....
....
....
....
....
....

Carta 2

....
....
....
....
....
....

Carta 3

....
....
....
....
....
....

Interpretación

....
....
....
....
....
....
....
....
....
....
....
....
....
....
....

Diario de Tarot

Fecha : ....

| Carta 1 | Carta 2 | Carta 3 |

¿Que carta es?   ¿Que carta es?   ¿Que carta es?

....

Primera Impresión

....

....

....

....

....

....

Palabras Clave

Carta 1

....
....
....
....
....
....

Carta 2

....
....
....
....
....
....

Carta 3

....
....
....
....
....
....

Interpretación

....

....

....

....

....

....

....

....

....

....

....

....

....

....

....

Diario de Tarot

Fecha : ....

| Carta 1 | Carta 2 | Carta 3 |

¿Que carta es?   ¿Que carta es?   ¿Que carta es?

....

Primera Impresión

....

....

....

....

....

....

Palabras Clave

Carta 1

....
....
....
....
....
....

Carta 2

....
....
....
....
....
....

Carta 3

....
....
....
....
....
....

Interpretación

....

....

....

....

....

....

....

....

....

....

....

....

....

....

....

....

Diario de Tarot

Fecha : ....

Carta 1	Carta 2	Carta 3

¿Que carta es?   ¿Que carta es?   ¿Que carta es?

....

Primera Impresión

....

....

....

....

....

....

Palabras Clave

Carta 1

....
....
....
....
....
....

Carta 2

....
....
....
....
....
....

Carta 3

....
....
....
....
....
....

Interpretación

....

....

....

....

....

....

....

....

....

....

....

....

....

....

....

Diario de Tarot

Fecha : ....

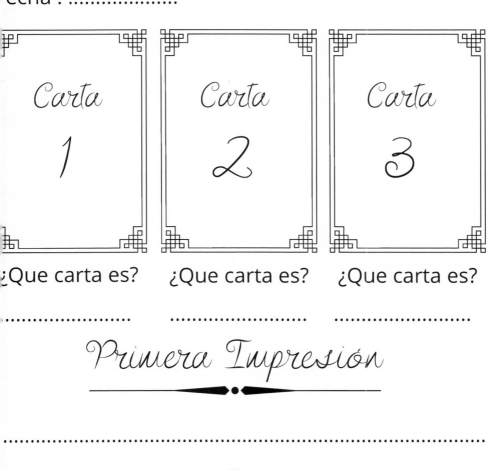

Carta 1	Carta 2	Carta 3

¿Que carta es?   ¿Que carta es?   ¿Que carta es?

....

Primera Impresión

....

....

....

....

....

....

Palabras Clave

Carta 1

....
....
....
....
....
....

Carta 2

....
....
....
....
....
....

Carta 3

....
....
....
....
....
....

Interpretación

....

....

....

....

....

....

....

....

....

....

....

....

....

....

....

Diario de Tarot

Fecha : ....

Carta 1	Carta 2	Carta 3

¿Que carta es?   ¿Que carta es?   ¿Que carta es

....

Primera Impresión

....

....

....

....

....

....

Palabras Clave

Carta 1

....
....
....
....
....
....

Carta 2

....
....
....
....
....
....

Carta 3

....
....
....
....
....
....

Interpretación

....
....
....
....
....
....
....
....
....
....
....
....
....
....
....

Diario de Tarot

Fecha : ....

Carta 1   Carta 2   Carta 3

¿Que carta es?   ¿Que carta es?   ¿Que carta es?

....

Primera Impresión

....

....

....

....

....

....

Palabras Clave

Carta 1

....
....
....
....
....
....

Carta 2

....
....
....
....
....
....

Carta 3

....
....
....
....
....
....

Interpretación

....

....

....

....

....

....

....

....

....

....

....

....

....

....

....

Diario de Tarot

Fecha : ....

| Carta 1 | Carta 2 | Carta 3 |

¿Que carta es?   ¿Que carta es?   ¿Que carta es

....

Primera Impresión

....

....

....

....

....

....

Palabras Clave

Carta 1

··
··
··
··
··
··

Carta 2

··
··
··
··
··
··

Carta 3

··
··
··
··
··
··

Interpretación

....
....
....
....
....
....
....
....
....
....
....
....
....
....
....
....

Diario de Tarot

Fecha : ....

Carta 1	Carta 2	Carta 3

¿Que carta es?   ¿Que carta es?   ¿Que carta es?

....

Primera Impresión

....

....

....

....

....

....

Palabras Clave

Carta 1

Carta 2

Carta 3

Interpretación

....
....
....
....
....
....
....
....
....
....
....
....
....
....
....

Diario de Tarot

Fecha : ....

Carta
1

Carta
2

Carta
3

¿Que carta es?   ¿Que carta es?   ¿Que carta es?

....

Primera Impresión

....

....

....

....

....

....

Palabras Clave

Carta 1

....
....
....
....
....
....

Carta 2

....
....
....
....
....

Carta 3

....
....
....
....
....

Interpretación

....
....
....
....
....
....
....
....
....
....
....
....
....
....
....
....

Diario de Tarot

Fecha : ....

| Carta 1 | Carta 2 | Carta 3 |

¿Que carta es? ¿Que carta es? ¿Que carta es?

....

Primera Impresión

....

....

....

....

....

....

Palabras Clave

Carta 1

....
....
....
....
....
....

Carta 2

....
....
....
....
....
....

Carta 3

....
....
....
....
....
....

Interpretación

....

....

....

....

....

....

....

....

....

....

....

....

....

....

....

Diario de Tarot

Fecha : ....

Carta 1	Carta 2	Carta 3

¿Que carta es?   ¿Que carta es?   ¿Que carta es

....

Primera Impresión

....

....

....

....

....

....

Palabras Clave

Carta 1

....
....
....
....
....
....

Carta 2

....
....
....
....
....
....

Carta 3

....
....
....
....
....
....

Interpretación

···

···

···

···

···

···

···

···

···

···

···

···

···

···

Diario de Tarot

Fecha : ....

Carta 1

Carta 2

Carta 3

¿Que carta es? ¿Que carta es? ¿Que carta es?

....

Primera Impresión

....
....
....
....
....
....

Palabras Clave

Carta 1

....
....
....
....
....
....

Carta 2

....
....
....
....
....
....

Carta 3

....
....
....
....
....
....

Interpretación

....

....

....

....

....

....

....

....

....

....

....

....

....

....

....

Diario de Tarot

Fecha : ....

Carta 1	Carta 2	Carta 3

¿Que carta es? ¿Que carta es? ¿Que carta es

....

Primera Impresión

....

....

....

....

....

....

Palabras Clave

Carta 1

....
....
....
....
....
....

Carta 2

....
....
....
....
....
....

Carta 3

....
....
....
....
....
....

Interpretación

....
....
....
....
....
....
....
....
....
....
....
....
....
....
....
....

Diario de Tarot

Fecha : ....

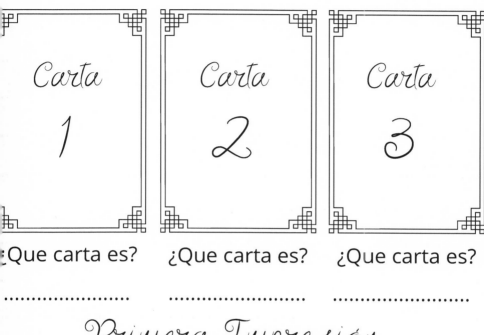

| Carta 1 | Carta 2 | Carta 3 |

Que carta es?   ¿Que carta es?   ¿Que carta es?

....

Primera Impresión

....
....
....
....
....
....

Palabras Clave

Carta 1

....
....
....
....
....
....

Carta 2

....
....
....
....
....
....

Carta 3

....
....
....
....
....
....

Interpretación

....

....

....

....

....

....

....

....

....

....

....

....

....

....

....

Diario de Tarot

Fecha : ....

Carta 1	Carta 2	Carta 3
¿Que carta es?	¿Que carta es?	¿Que carta es
....	....	....

Primera Impresión

....

....

....

....

....

....

Palabras Clave

Carta 1

....
....
....
....
....
....

Carta 2

....
....
....
....
....
....

Carta 3

....
....
....
....
....
....

Interpretación

....

....

....

....

....

....

....

....

....

....

....

....

....

....

Diario de Tarot

echa : ....

| Carta 1 | Carta 2 | Carta 3 |

Que carta es?   ¿Que carta es?   ¿Que carta es?

....

Primera Impresión

....

....

....

....

....

....

Palabras Clave

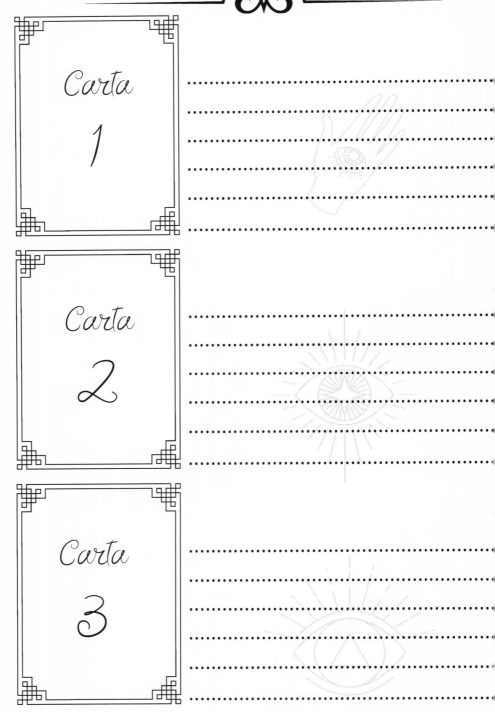

Carta 1

....
....
....
....
....
....

Carta 2

....
....
....
....
....
....

Carta 3

....
....
....
....
....
....

Interpretación

....
....
....
....
....
....
....
....
....
....
....
....
....
....

Diario de Tarot

Fecha : ....

| Carta 1 | Carta 2 | Carta 3 |

¿Que carta es?   ¿Que carta es?   ¿Que carta es

....

Primera Impresión

....

....

....

....

....

....

Palabras Clave

Carta 1

....
....
....
....
....
....

Carta 2

....
....
....
....
....
....

Carta 3

....
....
....
....
....
....

Interpretación

....

....

....

....

....

....

....

....

....

....

....

....

....

....

....

Diario de Tarot

echa : ....

| Carta 1 | Carta 2 | Carta 3 |

Que carta es?   ¿Que carta es?   ¿Que carta es?

....

Primera Impresión

....
....
....
....
....
....

Palabras Clave

Carta 1

....
....
....
....
....
....

Carta 2

....
....
....
....
....
....

Carta 3

....
....
....
....
....
....

Interpretación

....
....
....
....
....
....
....
....
....
....
....
....
....
....
....
....

Diario de Tarot

Fecha : ....

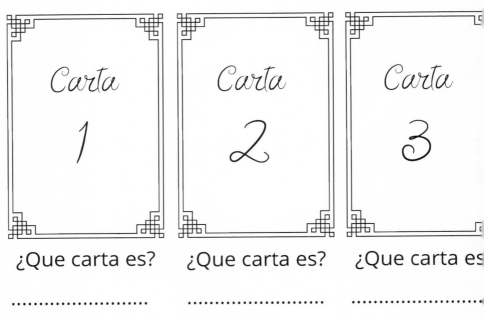

Carta **1**

Carta **2**

Carta **3**

¿Que carta es?

¿Que carta es?

¿Que carta es

....

....

....

Primera Impresión

....

....

....

....

....

....

Palabras Clave

Carta 1

....
....
....
....
....
....

Carta 2

....
....
....
....
....
....

Carta 3

....
....
....
....
....
....

Interpretación

....
....
....
....
....
....
....
....
....
....
....
....
....
....
....
....

Diario de Tarot

echa : ....

| Carta 1 | Carta 2 | Carta 3 |

Que carta es?   ¿Que carta es?   ¿Que carta es?

....

Primera Impresión

....

....

....

....

....

....

Palabras Clave

Carta 1

··
··
··
··
··
··

Carta 2

··
··
··
··
··
··

Carta 3

··
··
··
··
··
··

Interpretación

....

....

....

....

....

....

....

....

....

....

....

....

....

....

....

Diario de Tarot

Fecha : ....

| Carta 1 | Carta 2 | Carta 3 |

¿Que carta es?　　¿Que carta es?　　¿Que carta es?

....　　....................　　....................

Primera Impresión

....

....

....

....

....

....

Palabras Clave

Carta 1

··
··
··
··
··
··

Carta 2

··
··
··
··
··
··

Carta 3

··
··
··
··
··
··

Interpretación

....

....

....

....

....

....

....

....

....

....

....

....

....

....

....

....

Diario de Tarot

Fecha : ....

Carta 1

Carta 2

Carta 3

¿Que carta es?   ¿Que carta es?   ¿Que carta es?

....

Primera Impresión

....

....

....

....

....

....

Palabras Clave

Carta
1

....
....
....
....
....
....

Carta
2

....
....
....
....
....
....

Carta
3

....
....
....
....
....
....

Interpretación

....
....
....
....
....
....
....
....
....
....
....
....
....
....
....
....

Diario de Tarot

Fecha : ....

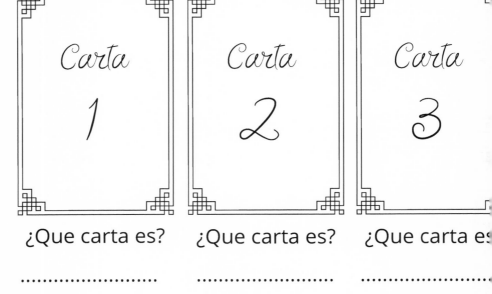

| Carta 1 | Carta 2 | Carta 3 |

¿Que carta es?   ¿Que carta es?   ¿Que carta es

....

Primera Impresión

....

....

....

....

....

....

Palabras Clave

Carta 1

....
....
....
....
....
....

Carta 2

....
....
....
....
....
....

Carta 3

....
....
....
....
....
....

Interpretación

....

....

....

....

....

....

....

....

....

....

....

....

....

....

....

Diario de Tarot

echa : ....

| Carta 1 | Carta 2 | Carta 3 |

Que carta es?   ¿Que carta es?   ¿Que carta es?

....

Primera Impresión

....

....

....

....

....

....

Palabras Clave

Carta 1

::
::
::
::
::
::

Carta 2

::
::
::
::
::
::

Carta 3

::
::
::
::
::

Interpretación

Diario de Tarot

Fecha : ....

Carta 1	Carta 2	Carta 3

¿Que carta es?   ¿Que carta es?   ¿Que carta es?

....

Primera Impresión

....

....

....

....

....

....

Palabras Clave

Carta 1

....
....
....
....
....
....

Carta 2

....
....
....
....
....
....

Carta 3

....
....
....
....
....
....

Interpretación

....

....

....

....

....

....

....

....

....

....

....

....

....

....

....

Diario de Tarot

Fecha : ....

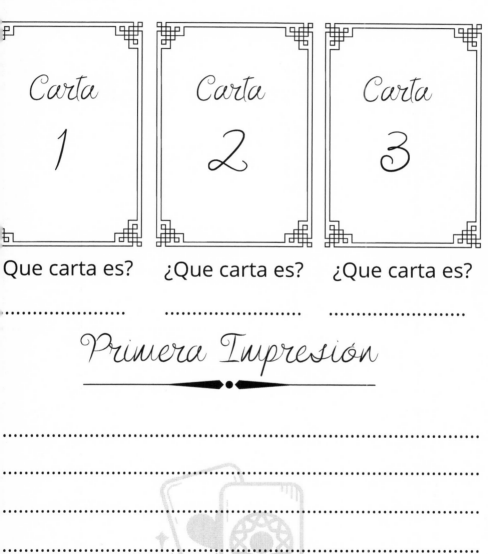

| Carta 1 | Carta 2 | Carta 3 |

Que carta es?   ¿Que carta es?   ¿Que carta es?

....

Primera Impresión

....

....

....

....

....

....

Palabras Clave

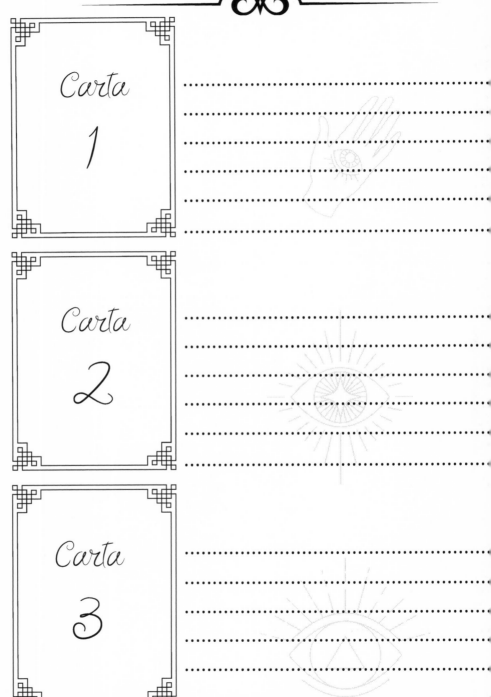

Carta 1

······································
······································
······································
······································
······································
······································

Carta 2

······································
······································
······································
······································
······································
······································

Carta 3

······································
······································
······································
······································
······································
······································

Interpretación

....
....
....
....
....
....
....
....
....
....
....
....
....
....
....
....

Diario de Tarot

Fecha : ....

Carta 1	Carta 2	Carta 3

¿Que carta es? ¿Que carta es? ¿Que carta es

....

Primera Impresión

....

....

....

....

....

....

Palabras Clave

Carta 1

· ·
· ·
· ·
· ·
· ·
· ·

Carta 2

· ·
· ·
· ·
· ·
· ·
· ·

Carta 3

· ·
· ·
· ·
· ·
· ·
· ·

Interpretación

....

....

....

....

....

....

....

....

....

....

....

....

....

....

....

Diario de Tarot

echa : ....

| Carta 1 | Carta 2 | Carta 3 |

Que carta es?   ¿Que carta es?   ¿Que carta es?

....

Primera Impresión

....

....

....

....

....

....

Palabras Clave

Carta 1

....
....
....
....
....
....

Carta 2

....
....
....
....
....

Carta 3

....
....
....
....
....

Interpretación

Diario de Tarot

Fecha : ....

Carta 1	Carta 2	Carta 3
¿Que carta es?	¿Que carta es?	¿Que carta es
....	....	....

Primera Impresión

....

....

....

....

....

....

Palabras Clave

Carta 1

....
....
....
....
....
....

Carta 2

....
....
....
....
....
....

Carta 3

....
....
....
....
....
....

Interpretación

....

....

....

....

....

....

....

....

....

....

....

....

....

....

....

....

Diario de Tarot

echa : ....

Carta
1

Carta
2

Carta
3

Que carta es?   ¿Que carta es?   ¿Que carta es?

....

Primera Impresión

....

....

....

....

....

....

Palabras Clave

Carta 1

....
....
....
....
....
....

Carta 2

....
....
....
....
....
....

Carta 3

....
....
....
....
....
....

Interpretación

....
....
....
....
....
....
....
....
....
....
....
....
....
....
....

Diario de Tarot

Fecha : ....

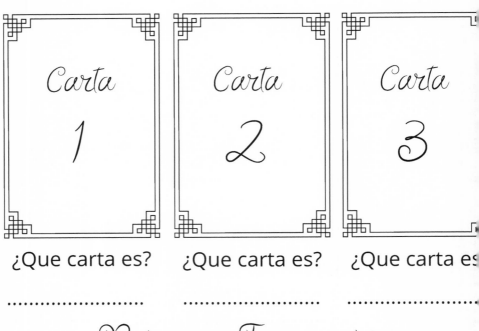

Carta 1 ¿Que carta es?

....

Carta 2 ¿Que carta es?

....

Carta 3 ¿Que carta es?

....

Primera Impresión

....

....

....

....

....

....

Palabras Clave

Carta 1

....
....
....
....
....
....

Carta 2

....
....
....
....
....
....

Carta 3

....
....
....
....
....
....

Interpretación

Diario de Tarot

Fecha : ....

Carta 1	Carta 2	Carta 3

¿Que carta es?   ¿Que carta es?   ¿Que carta es?

....

Primera Impresión

....

....

....

....

....

....

Palabras Clave

Carta 1

....
....
....
....
....
....

Carta 2

....
....
....
....
....

Carta 3

....
....
....
....
....
....

Interpretación

....
....
....
....
....
....
....
....
....
....
....
....
....
....
....

Diario de Tarot

Fecha : ....

| Carta 1 | Carta 2 | Carta 3 |

¿Que carta es?   ¿Que carta es?   ¿Que carta es?

....

Primera Impresión

....
....
....
....
....
....

Palabras Clave

Carta 1

....
....
....
....
....
....

Carta 2

....
....
....
....
....
....

Carta 3

....
....
....
....
....
....

Interpretación

....

....

....

....

....

....

....

....

....

....

....

....

....

....

....

Diario de Tarot

Fecha : ....

Carta 1	Carta 2	Carta 3

Que carta es?   ¿Que carta es?   ¿Que carta es?

....

Primera Impresión

....

....

....

....

....

....

Palabras Clave

Carta 1

....
....
....
....
....
....

Carta 2

....
....
....
....
....
....

Carta 3

....
....
....
....
....
....

Interpretación

....

....

....

....

....

....

....

....

....

....

....

....

....

....

....

Diario de Tarot

Fecha : ....

Carta 1	Carta 2	Carta 3

¿Que carta es? ¿Que carta es? ¿Que carta es

....

Primera Impresión

....

....

....

....

....

....

Palabras Clave

Carta 1

···
···
···
···
···
···

Carta 2

···
···
···
···
···
···

Carta 3

···
···
···
···
···
···

Interpretación

....

....

....

....

....

....

....

....

....

....

....

....

....

....

....

Made in the USA
Coppell, TX
10 October 2021